La Sapienza
Di
Signore
Santo
Spirito

**Dedicato a Irina, Marv, Kelly e chi
ama una buona notizia.**

Contenuto

Biografia dell'autore

Herb è un ex consulente informatico, che come la maggior parte delle persone,viveva con una sola cosa in mente - la bella vita - quel che costi. Ora è un investitore,il cui unico scopo nella vita è quello di introdurre le persone a Gesù Cristo, Signore,lo Spirito Santo e Padre Signore.

Introduzione

Per mettere la ciliegina sulla torta - Dio è la ragione per cui siete nati, Egli è vivo e vegeto, ed Egli è totalmente pazzo di te.

Molte persone, leggendo la Bibbia, sono consapevoli del fatto che Dio è tre Persone. Tuttavia, leggendo la Bibbia, apprendiamo anche che ogni persona inDio, l'Autorità di assolvere diverse funzioni. Signore, lo Spirito Santo è la voce di Dio, Egli è Colui che pronunciò le parole di Dio, e ordinò alle persone di scrivere le parole di Dio, in quello che è comunemente noto come la Bibbia.

La ragione più importante per questo che voglio incoraggiarvi a leggere la Bibbiaper te è perché Dio è una persona come te, ed Egli si rivela a voi, attraverso la Bibbia, e attraverso la persona dello Spirito Santo, Signore.

Come esseri umani siamo tutti sottostimare l'importanza delle nostre parole, ma quando Dio stesso ci presenta per la prima volta, lo vediamo parlare, e poi vediamo che tutto ciò che parla - succede.

Il motivo per cui questo libro è importante per voi è perché il Dio che ha scritto la Bibbia dice che il potere di vita e di morte è nella vostra lingua, non nella lingua di Dio, o della lingua del diavolo, o lingua un angelo, o la lingua qualsiasi demone, ma la vostra lingua.

Anche in questo caso, anche se potrebbe essere difficile per la mente umana di comprendere, i fatti sono che tutto ciò che sei nella vita, è il risultato diretto diqualcosa che hai detto, o qualcuno con autorità su di voi, ha detto.

Inutile dire che, questo significa che posso cambiare o migliorare la mia vita, e le mie circostanze della vita, semplicemente dicendo quello che Dio dice. Questa è un'altra ragione per questo libro, o più importante - per voi a leggere la Bibbia, e di dire ciò che dice la Bibbia, e nient'altro.

Dio ha creato gli angeli circa 6000 per ogni persona sulla terra, e Dio solo il tempopermette loro di benedire si, e il ministro la sua grazia a voi, è quando si dice ciò che Dio dice, nella suaBibbia.

Dio dice nella Bibbia - venire a benedire me, i miei angeli che fanno i miei comandamenti, ad ascoltare la sonorizzazione della Mia Parola (La Bibbia).

E 'anche molto importante sapere che il Signore lo Spirito Santo rivela soltanto e dàla comprensione della parola di Dio a qualcuno che desidera avere un rapporto personale con Gesù.

Se non si desidera avere un rapporto personale con Dio, si leggerà la Bibbia, e non capire quello che sta dicendo, perché Egli è Colui che rivela la Bibbia per te.

Per consentire di avere il vostro rapporto personale con Dio, e per capire la Parola di Dio per te, ho fornito un modo per fare questo nel prossimo capitolo, prima diiniziare a leggere le rivelazioni date dallo Spirito Santo, Signore.

Inoltre, poiché Signore Spirito Santo viene a rivelare Signore Gesù per noi, ho fattouna separazione tra ciò che dice e ciò che il Signore Gesù dice.

Come leggiamo nella sua parola, Signore Gesù è la Parola, la Bibbia è stata scritta da Dio Spirito Santo, per rivelare Gesù Cristo per voi, e me.

Capitolo 1: Incontro Gesù Cristo per te

Una delle domande che chiedono maggior parte delle
persone è 'C'è davvero un Dio - e posso conoscerlo?

Voglio invitarvi a conoscere questa persona, Dio, per te.

Se volete conoscere Dio, e hanno un rapporto con Lui, allora
semplicementeparlare con lui. Egli è ovunque - e si può
sentire - ovunque tu sia.

Qui ci sono alcune parole per dire a Lui - così si può lo
conoscete voi stessi:

'Caro Gesù, vieni nella mia vita, mi perdoni i miei peccati,
purificami, e riempimicon lo Spirito Santo, Signore. Da questo
giorno in avanti, farsi reale per me - e il mio tutto.
Così sia. '

Ora che siete diventati amici di Dio, sei diventato mio amico.
Spero di incontrarti un giorno, e di ascoltare la tua storia il tuo
rapporto con lui.

Capitolo 2: Ciò che Gesù Cristo dice

Essa avverrà, che io verserò il Signore, lo Spirito Santo su tutti gli uomini, ei vostri figliuoli e le vostre figlie profetizzeranno, i vostri anziani faranno sogni, i vostrigiovani avranno visioni.

A mio giudizio trono bianco solo io a decidere chi saranno i personaggi più famosiper l'eternità.

L'unica prova che qualcuno ti ama è in ciò che fanno, e non quello che dicono.

Perché ho creato montagne e valli, e perché ci vogliono almeno due montagne per fare una valle, il fatto stesso che si sta camminando in una valle nella vostra vita, è un segno da me a voi che vi sto prendendo per la cima della montagna .

Alzerò i miei occhi verso i monti, da dove proviene il mio aiuto. Il mio aiuto viene dal Signore che ha fatto cielo e terra.

Dio è amore, e l'amore perdona tutti i peccati.

La mia bocca vi incoraggerà; conforto dalle mie labbra ti porterà sollievo.

La religione mantiene concentrata sul cielo sulla terra, ma Dio lo Spirito Santotenervi concentrati sul cielo e terra nuova, che non ha Satana, i demoni, le nazioni ole guerre, e sono riempiti con i figli e figlie di Dio.

Perché Dio ha tanto amato il mondo, che ha dato il suo unigenito Figlio, affinchéchiunque crede in lui non perisca, ma abbia la vita eterna. Perché Dio non ha mandato il Figlio nel mondo per condannare il mondo, ma per salvare il mondo, per mezzo di lui.

Chiunque mi riconoscerà davanti agli uomini, mi sono anche riconoscerà davantiagli angeli di Dio.

Io sono il pane vivo disceso dal cielo: se una persona mangia di questo pane, che la persona vivrà in eterno e il pane che io darò è il mio corpo, che ho dato per la vitadel mondo, non pochi.

Perché io so che il Signore è grande, e che il nostro Signore è prima di tuttosarebbe dèi. Che il Signore soddisfatto, che ha fatto in cielo e in terra, nei mari, e tutti i luoghi profondi.

9

Anche se è importante sapere che Dio è Dio, perché Egli ha creato i cieli e la terra,e tutto in essa, è più importante sapere che Egli è una persona reale, proprio come te, e vuole un rapporto personale con te.

Io i conti con Satana, che sostiene con voi. Taci, e il Signore combatterà per te.

Dio può fare di più di quanto tu possa mai chiedere o pensare. Se non riesci a vedere così, Dio può.

Quando le cose vanno male nella tua vita, la prima domanda da porsi è - 'Che cosa ho detto?' - Perché il potere di vita e la morte è nella vostra lingua.

Non c'è altro Dio fuori di me, un Dio giusto e salvatore, non c'è nessuno tranne me.

Oggi è il giorno della salvezza, domani è promesso a nessuno.

Se riconosciamo i nostri peccati, egli sarà fedele a perdonarci dei nostri peccati e purificarci da ogni iniquità.

La gloria della mia ultima chiesa deve essere superiore a la gloria della mia prima chiesa.

Questa è la vita eterna, che conoscano te Padre, il solo vero Dio, e Gesù Cristo, che avete inviato.

L'amore del denaro, cioè il rapporto sbagliato con il denaro, è la fonte di ogni male, non Satana.

Il motivo per cui è importante perdonare qualcuno che ti ha fatto male, è perchéanche la scienza dimostra che qualcuno che è stato ferito, sempre andare a male a qualcun altro.

Tu sei il Signore che mi guarisce. Potete inviare la vostra parola e guarì tutti la mia malattia, Tu sei il Signore mio guaritore.

La strabiliante potere di perdonare qualcuno: Ci sono voluti Joseph dal carcere al palazzo, e lo fece il sovrano di una nazione, ci sono voluti Mandela dalla prigione, e lo fece presidente di una nazione, ed è l'unica cosa che si può fare, che causa a Dio di alzarsi dal suo trono - in segno di rispetto per voi.

Io non mi vergogno del vangelo di Gesù Cristo - perché è la potenza di Dio per salvare chiunque crede.

Quando Signore Spirito Santo, egli convincerà il mondo quanto al peccato, alla giustizia e al giudizio del peccato di non credere in me.

E 'il sangue che fa espiazione per il peccato, e quando vedo il mio sangue su di voi,io non ti giudicherà.

Per grazia che siete stati salvati, mediante la fede, e non te stesso. E 'il dono di Dio, non per opere, in modo che nessuna persona dovrebbe vantare.

Nella sua misericordia è il trono è stabilito: e siederà su di essa in verità, a giudicare, e la ricerca di giudizio e la giustizia fretta.

Il motivo per cui io sono l'unica persona che può risolvere, perché ti ho creato, e solo un Creatore può fissare una creazione.

Quando il corpo è malato, si va da un medico, perché solo il medico può guarire.Allo stesso modo, quando hai un problema con il peccato, devi venire da me,perché solo io si può guarire dal peccato.

Una volta che sai per te l'amore infinito, la misericordia, la grazia, il potere e l'autorità di Gesù Cristo, allora ogni giorno è il giorno più bello della tua vita.

Sarà un segno e testimonianza del Signore degli eserciti nel mondo. Quando essigridano al Signore a causa dei loro oppressori, egli manderà loro un Salvatore eDefender, e li farà uscire.

Dichiarando ciò che sarà e che lo ha presentato - lasciare che prendano il consiglioinsieme. Chi ha preannunciato molto tempo fa, che ha dichiarato in un lontano passato? Non sono forse io, il Signore? E non vi è altro Dio fuori di me, un Diogiusto e salvatore, non c'è nessuno tranne me.

Io sono venuto perché possiate avere la vita e l'abbiano in abbondanza.

Io, io, sono il Signore e, a parte me non c'è Salvatore.

Amare una persona diversa da te - è una scelta che noi fare ogni giorno.

Non avete scelto me, ma io ho scelto voi, e ordinato voi, che andiate e portiate fruttoe il vostro frutto rimanga: e così tutto quello che chiederete Padre Signore, nel mio nome, egli vi darà .

Lasciate che il malvagio abbandonare i suoi modi, e la persona iniquo i loro pensicri: e lasciare che lui / lei di ritorno al Signore, ed Egli avrà misericordia di lui / lei, e tornare al nostro Dio, perché Eglisarà largo nel perdonare.

Signore, lo Spirito Santo è il motivo per il cristiano si diventa il diavolo mette in guardia persone circa. Gesù dice STILL, attenzione, io ti doPower, su tutto il potere di satana, demoni e angeli caduti.

La chiave per la benedizione illimitata: Gesù disse ad Abramo, Tirarti fuori del tuo paese, e dai tuoi parenti, e dalla casa di tuo padre, verso il paese che io ti indicherò: E Farò di te un grande popolo e ti benedirò, renderò grande il tuo nome e tu saraiuna benedizione. Poiché le famiglie ci insegnano le tradizioni - Lord Spirito Santo ci insegna la fede,che sblocca la benedizione.

Che io non pecchi contro il Signore, non pregare per voi. Molti nella chiesa sono esperti in materia i peccati del mondo, dimenticando il loro peccato contro il Signore. La mia casa sarà chiamata casa di preghiera.

Il modo in cui un animale sete di acqua, in modo che le anime sete di me.

Beato l'uomo che il rispetto il Signore, che camminano nelle sue vie. Io mangerò la fatica delle mie mani, io sarò felice, e tutto andrà bene con me.

Farò i vostri oppressori mangiare il proprio corpo, ma saranno ebbri del loro sangue, come con il vino. Poi tutti sapranno che io, il Signore, sono il tuo Salvatore e il Redentore.

Dio non è una persona, che Egli dovrebbe dire una bugia, né un figlio di una persona, che Egli dovrebbe cambiare idea. Egli non parla, e poi non agire? Davvero vi promette, e non soddisfano le sue promesse?

Satana viene per rubare, uccidere e distruggere, ma io sono venuto perchéabbiano la vita e l'abbiano in abbondanza.

Il motivo per cui nessuna persona è mai stato salvato perché lui / lei è una brava persona - E 'per grazia che siete salvati, mediante la fede, e non da soli, è un dono di Dio, e non per le tue opere, in modo che nessuno possa vantarsene.

Tutti i confini del mondo deve ricordare, e rivolgiamo al Signore: e tutte le famigliedelle nazioni adoreranno davanti a te. Per il Regno è il Signore: Egli è il governatorefra le nazioni.

Il motivo per cui si può sempre credere a tutte le mie promesse - è dovuto al fatto cielo e la terra passeranno, ma le mie parole non passeranno.

Il Signore vi farà la testa, e non la coda, e si deve essere al di sopra solo, e nondeve essere al di sotto, se si ascoltare i comandamenti del Signore Dio tuo.

Avrete forza, dopo il Signore Spirito Santo che scenderà su di voi, e saretetestimoni di me, a partire dal Gerusalemme, e fino agli estremi confini della terra.

Sarò un padre per voi, e voi mi sarete come figli e figlie, dice il Signore onnipotente.

Stiamo vivendo nei giorni in cui i nomi di denominazioni e le persone si illuminerà edimmer dimmer, e il nome di Gesù è più luminosa e brillante. Il mio nome sarà esaltato nei cieli e sulla terra.

Il motivo per cui i santi devono sempre pregare - non è per forza o potere, ma dallo Spirito Santo, Signore.

I cristiani che sono sempre parlando a voi su come la
    diavolo li picchiava, non vengono salvati. Darò il mio
    angeli su di voi, e nulla potrà farvi del male mezzo. Vi do il
potere su tutta lapotenza del nemico.

Se la vostra famiglia o gli amici non ti vuole, o come te,
Ti voglio e ti piace, e io sarò un amico che aderisce
    più stretto di un fratello.

Andare in chiesa non ti rende un cristiano, proprio come dormire in un garage non ti rende una macchina. Salvo persona è nato di nuovo, attraverso le mie parole e Signore Santi Spirito, quella persona non sarà mai vedere il Regno di Dio.

Io sto alla tua porta cuori e bussare, e se si vuole aprire la porta al tuo cuore, io verrò a voi, ed io sarà comunione con te.

Beata è la persona il cui peccato è perdonato. Ricevere la mia dono gratuito della salvezza, e il perdono da tutti i vostri peccati, porta automaticamente la benedizione sulla vostra vita. Il mondo e le sue notizie è stato progettato per darti la paura, l'ansia e le notti insonni. Le mie parole sono state progettate per fornire pace, gioia e dolci sogni.

Non è importante quanto famoso siete in questa vita, che ha una fine, ma come noto sarà il giorno del giudizio, quando la tua vita-senza-fine ha inizio.

Proprio come i malati un trattamento speciale, io do speciale trattamento per le persone spiritualmente malate.

Il motivo per cui la maggior parte della gente non capisce perché amo tutti, è perché non capiscono che lo fa Non importa quanto la vita di qualcuno è sporco, le mie parole sempre lava pulirli.

Un'altra ragione per cui la maggior parte della gente non capisce
 perché amare tutti, è perché non capiscono che non importa
quanto la vita di qualcuno è buio, Io sono ancora del Luce per
tutti nel mondo.

La priorità del mondo è quello di farvi pulire, e ti fanno
apparire belli all'esterno, la mia priorità è quella di farvi
pulire e bella dentro.

Io in te, e tu in me. I rapporti solo che faccio, è 24X7, non è
solo un'ora di Domenica.

Proprio come l'acqua e sapone può lavare la più sporca del
corpo pulito, le mie parole, e Signore Spirito Santo, può lavare
l' più sporca vita pulita.

Gesù dice ancora - chi sei, che il giudice di un altro uomo
servo? Al suo padrone proprio lui / lei in piedi o cadere.
Gesù vi à il diritto di pregare per gli altri, non giudicarli.

La vera salvezza significa che è il vostro lavoro per chiedermi
di salvarvi, ed è il mio lavoro per salvare voi, e per tenervi, e di
 presentiamo davanti a Dio Padre, innocente e senza colpa.

Se sei nato di nuovo, e alcuni giorni non si fa così buono, Ricordo che ti vedi come sei, ti vedo come il Santo che vi sto facendo. Confessa che il peccato, e andare avanti.

Vieni e seguimi, e vi farò pescatori di uomini.

Le persone che sono veramente salvati, sappiamo che sono stati salvati, in modo che i peccatori possono essere salvati non, perché sono meglio di peccatori.

Nessuno ha un amore più grande per voi che me, perché mentre si erano ancora peccare, ho già morto per tutti i tuoi peccati.

Se è vero che amo tutti nel mondo, è anche vero che faccio la vita di chi disprezza me all'inferno sulla terra, mentre io faccio la vita per quelli che mi ricevono Il paradiso in terra.

Per coloro che rifiutano il mio dono gratuito della salvezza, la vita è un inferno sulla terra a causa di Satana e dei demoni. Per coloro che hanno accettato il mio dono gratuito della salvezza, la vita è il cielo sulla terra, perché ho dato la mia angeli di li.

Nel sistema giustizia nel mondo si tratta di un caso di un criminale, una volta, sempre un criminale. Nel mio sistema di giustizia è una volta perdonato, sempre innocente.

Il motivo per cui i peccatori che mi incontrano per loro stessi è facile da seguire me - è perché è la mia bontà che li porta a girare dal peccato.

La priorità del vangelo di Gesù Cristo non è Il cielo sulla terra, ma il Nuovo Cielo e la Nuova Terra.

Le persone religiose sono esperti in materia i tuoi peccati, ma io sono un esperto tuoi peccati e come lavare tutti i vostri peccati, e di presentarvi irreprensibili davanti a Dio Padre.

Quando si tratta di salvezza, è necessario ricordare che tu sei quello che si sta salvato, e io sono il salvatore, che è risparmiare.

Il motivo per cui si deve solo andare in una chiesa locale dove si può sentire la presenza di Gesù, è perché quando si va a casa del vostro amico vi aspettate di trovare il tuo amico, così quando si va alla Casa del Signore Gesù - si dovrebbe trovare Jesus.

Mia Parola è cibo per il vostro spirito, che ho liberamente do a voi. se il tuo spirito è affamato o fame, avete bisogno di mangiare spirituale alimentare.

Anche se è vero che il primo Adamo messo una maledizione su tutti persone, è anche vero che il motivo per cui sono chiamato l'ultimo Adamo, è perché sono venuto a impostare tutti liberi dalla maledizione, che dire semplicemente 'mi salvare Gesù'.

Si sono amati con un amore eterno.

Nel mio lavoro il lavoro migliore a pagamento è quello di rendere l'inferno vuoto, e il Cielo pieno.

Si berrà il latte delle nazioni e di essere allattato al Royal seni. Allora saprete che io sono il Signore, sono il tuo Salvatore e il Redentore.

A tutti coloro che credono in me, e ricevere me, io do il Potere di diventare figli e figlie di Dio..

Il Signore fa tutto ciò che a Lui piace, nei cieli e sulla terra, nei mari e tutti i loro profondità.

Il Signore combatterà per voi, e tu sarai tranquillo.

Per soddisfare me per te, è quello di stabilire un contatto personale con l'eternità.

Il vino è schernitore, la bevanda alcolica è turbolenta, e chi è ne lascia sopraffare non è saggio.

Basta chiedere a me per guidare l'utente, e guardare ovunque si va, e lo farò.

La religione fornisce un elenco di cose da fare per sfuggire all'inferno, lo dico chiunque invocherà il nome di Gesù essere salvati dall'inferno.

Ho creato i miei angeli di benedire voi, quando dite quello che ho dico alla mia parola. Cosa avete detto oggi?

Canta per me, perché ho fatto cose eccellenti: questo è noto in tutta la terra.

Chiunque crede in me sarà salvato dall'inferno, e qualcuno che non crede in me è già stato condannato all'inferno.

Proprio come un albero si riconosce dal suo frutto, qualcuno che sostiene a seguire me, può essere conosciuto dai loro frutti, e non la loro affermare di essere un cristiano.

La salvezza vera e propria inizia quando si capisce che non è su quanto male si, ma di come sono bravo.

La religione usa tradizioni di tenerti lontano da me. dico
che qualcuno che chiama il mio nome, sarà salvato
dall'inferno, e mi conoscono personalmente.

Mi togli i peccati del mondo, perché la salvezza è da me,
e nessun altro.

Non tutti quelli che mi dice: Signore entra Cielo, ma che fanno
la volontà di Dio Padre, che è quella Non una sola persona va
all'inferno, ma che ogni persona va a Cielo.

Nell'amore non c'è paura in amore, ma il mio amore perfetto
scaccia il paura - perché la paura è tormento.

Se mi è per voi, chi può essere contro di te?

Il motivo per cui la canzone dice tutto cambia quando Gesù
arriva, è perché la benedizione fa non venire perché vai in
chiesa, ti chiami uno, cristiano cattolico, metodista o qualsiasi
denominazione, ma perché mi ricevono come il tuo amico
e Salvatore.

Perdonare significa non userò l'evento contro la lui / lei in futuro,
non voglio parlare di evento altri, e non voglio pensare alla
manifestazione.

E 'facile per avere successo nel vivo, quando si capisce
che tutto ciò che sei, e speriamo di essere, è Gesù
Cristo.

Il mio tempo è a portata di mano.

Non uno di tutto il bene promette il Signore tuo Dio ha dato
te, non è riuscito.

Io vedevo satana cadere dal cielo come un fulmine. Ascolto un
 po ' predicatori parlare di quanto sia potente satana è, è
ovvio che non sanno che Gesù Cristo è Dio Onnipotente.

Se la giornata non sta andando così bene, ricordo che era
sul trono di ieri, io sono sul trono oggi, e io sarò domani sul
trono.

Vi dico la verità, chi non riceverà il Regno di Dio come un
bambino, non entrerete nel Regno.

I grandi misteri rivelare ai bambini, semplicemente perché
 credere a quello che dico, senza dubitare di me.

Le mie misericordie sono nuovi ogni mattina.

Io non sono una religione, ma una persona, proprio come te. L'unico cosa si può fare con un'altra persona, è di avere una relazione con quella persona.

Io rimuovere la vergogna, e vi darà la fama.

Tutto ciò che io abbia mai chiesto, e chiede sempre dal mio seguaci sono, 'solo credere'.

Non ci sono grandi e piccoli sono io sei tu nel Regno di Dio.

A causa di ciò che ho già fatto per te, qualsiasi malattia è illegale nel vostro corpo.

Il miglior regalo di Natale si può dare chiunque o te, sono io.

Tutte le anime appartengono a me.

La domanda di rispondere il giorno del giudizio non è come ricco o benedetta tu fossi, ma come hai fatto a usare il vostro ricchezze e benedizioni, per benedire una persona diversa voi stessi.

Non importa ciò che chiunque in questo mondo pensa di te,
Continuo a dire che valeva la pena di morire.

Il ministero unico che può fallire, è quella che non mi
costruire.

Del mio meglio per te non è il paradiso in terra, ma il nuovo
Cielo e la Nuova Terra.

Come io vivo, dice il Signore Dio, non ho alcun piacere nel
l'inferno dei malvagi.

Non devi parlare greco, ebraico o latino ricevere le mie
benedizioni, devi solo credere a quello che Dico, per ricevere
ciò che dico si può avere.

Ottenere salvato e andare in Paradiso non è qualcosa
  che si guadagna o meriti, ma è un dono gratuito, che si
ricevere da me, chiedendo per me.

Onorare le persone è schiavitù - ma chiunque fiducia in me
saranno protetti.

Chiesa non è quando si arriva a un edificio e di culto
  me per un'ora, chiesa accade quando vengo a vivere
   dentro di te, 24 ore al giorno, 7 giorni alla settimana, per
l'eternità.

Non perdonare qualcuno per qualcosa che ti hanno fatto, è
come bere veleno, e si aspetta che l'altra persona
morire.

A meno che una persona è nata dalle mie parole e Signore
Spirito Santo, quella persona non sarà mai vedere il Regno di
Dio - Gesù. Ciò dimostra che è necessario nascere di nuovo a
diventare cristiano. Nessuno è nato cristiano.

Mentre si sta facendo il vostro shopping natalizio per gli amici
e la famiglia, ricordo che sono il miglior regalo di Natale si
può dare loro, e io sono un dono gratuito.

Adorare me è il tuo modo di dirmi che ti amo me, perché ti ho
amato.

L'amore non è un segno di debolezza, ma la forza, ed è
la ragione per cui io sono la persona più potente del
universo.

Il motivo per cui l'oscurità è in tutto il mondo, è perché le
persone che ho fatto alla luce del il mondo è impegnato dietro
quattro mura, invece di andare nel mondo, come ho detto loro.

Io do bellezza per le ceneri e la gioia per le lacrime.

Amore - è che Io Sono, e il mio dono ad ogni persona è amare qualcuno ed essere amati.

A tutti coloro che mi riceverà, gratuitamente date io Signore Spirito Santo, che Egli vi riempia con il mio amore, in modo che potrebbe essere una ragione per vivere e sperimentare la gioia indicibile.

Quando si inneggiate a me, si sta cantando a fare ti senti bene, ma quando mi rendono culto, si è canti di fare sia di noi si sentono bene.

Gesù ride quando si ride e piange quando abbiamo piangere. Questo significa che se è felice o triste, dipende se si sceglie di essere felice, o triste.

Tu amerai il Signore tuo Dio con tutto il cuore, la mente e l'anima, e tu amerai il prossimo tuo come te stesso. Ti fa chiedere perché tanti cristiani vogliono dare i poveri ei senzatetto il cibo e vestiti che non fanno vogliono, o stavano per buttare via ....

Le parole più belle che nessuno mai mi ha detto
dal momento che io sono vivo, è stato quando Gesù mi ha
detto che ti amo così tanto, io non ti lascerò mai andare.
Avete mai amato qualcuno così tanto, che hai detto tu non
lascerà andare?

Sono ancora il Dio che fa un certo senso, dove ci sembra
esserci alcun modo.

Il motivo per cui è sempre facile per chi conosce Gesù,
amarlo con tutto il loro spirito, anima e corpo, è perché
Egli è l'unica persona che vi mostrerà misericordia, invece
di giudicare voi.

Quando si prostri dinanzi a me, la mia presenza fisica scende
dal cielo, a voi, e divento il Signore di tutto e niente, succedendo
nella vostra vita.

Capitolo 3: Cosa Signore Santo Spirito dice

L'unica prova che qualcuno ti ama è in ciò che fanno, e non quello che dicono.

Le persone che non vogliono sapere che quando sei un nessuno, non hai bisognodi sapere quando si è qualcuno.

Quanto più si inizia a conoscere me, più si capisce perché io sono chiamato unvento potente e impetuoso - Io sono inarrestabile.

Voi non avete ricevuto uno spirito da schiavi per ricadere nella paura; ma avete ricevuto lo Spirito di adozione, ed è per questo gridiamo, papà, papà.

Dove abbonda il peccato, la grazia di Gesù non più abbondano. Non si tratta di quanto male si è, ma come il buon Gesù è ..

La ragione di ministeri falliti - quelli infatti che sono guidati da Signore Spirito Santo, essi sono i figli e figlie di Dio.

Perché la volontà di Dio non è sempre fatto nella
terra. Il cuore di Dio è Dio Padre, il volto di Dio è
Gesù Cristo, la voce di Dio è il Signore Spirito Santo,
e le mani di Dioè la sua Chiesa - che ha la cattiva
abitudine di nascondersi dietro quattro mura,invece
di andare in il mondo, come è stato detto di fare ..

Se si dà a qualcuno un pesce, si alimenta quella persona per
un giorno. Semostrare a qualcuno a pescare, dando qualcuno
Gesù, si alimenta qualcuno per l'eternità.

Per Gesù Cristo soltanto - sia tutti gli elogi per fare la pace tra
Dio e l'uomo.

Buon cibo e bevande porta per la salute e lunga vita, cibo
cattivo e bevande porta alla malattia e alla morte.

Lo scopo della chiesa locale, o Casa di Dio, è quello di essere
ricaricate, in modo che, come Gesù, si può continuare ad
essere una luce per il mondo.

Il motivo per cui, quando si ha un figlio, si dovrebbe essere il
miglior padre che si può essere, è perché Gesù insegna che
un adulto incasinato, è un bambino che non è stato
correttamente sollevato.

Signore Spirito Santo attesta al nostro spirito che siamo figli di Dio.

Io sono il motivo per cui il soprannaturale diventa la tua normale.

Dio ci ha riconciliati con sé mediante Cristo e ha dato a noi il ministero della riconciliazione.

Anche se qualsiasi persona avrebbe potuto essere nato sotto una maledizionegenerazionale a causa dei loro genitori, è importante sapere che il giorno hai accettato Gesù come il tuo Salvatore, sei nato in una benedizione generazionale, e che non sono più sotto la maledizione, ma sotto la benedizione.

È perché Gesù ci ha fatto come lui, che la gioia più grande nella vita si presenta in quello che possiamo fare per gli altri, e non quello possiamo fare per noi stessi.

Signore, lo Spirito Santo è il motivo per il cristiano si diventa il diavolo mette in guardia persone circa. Gesù dice STILL, attenzione, io ti dopotere su tutte il potere di satana, demoni e angeli caduti.

La chiave per l'illimitato benedizione: Allora Gesù disse ad Abramo, uscire del vostro paese, e dai tuoi parenti e dalla casa di tuo padre, verso il paese che io ti indicherò: Ed io farò di te una grande nazione, e io ti benedirò, renderò grande il tuo nome e tu sarai una benedizione. Le famiglie ci insegnano le tradizioni, Signore, lo Spirito Santo ci insegna la fede, che sblocca la benedizione.

Signore, lo Spirito Santo viene portata attraverso di me, e rendere la mia vita quello che dovrebbe essere. Così sia.

Nessuno ha un amore più grande per voi, perché ho messo la mia vita per te, affinché tu possa diventare il mio amico – Jesus. Il vero amore è tutte le azioni, e poche altre parole. Con il vero amore, le parole diventano inutili, perché le azioni della persona parla così forte, non c'è bisogno di sentire le loro parole.

La pienezza del sacramento dell'Unzione non è per la chiesa locale. Il fiume di Dio scaturisce dalla casa di Dio per il Mar Morto. Il punto più profondo del fiume è più vicino al Mar Morto. Arrivare dove la vita delle persone sono stati distrutti, se volete vedere fiumi di acqua viva, che è Il illimitato Unzione.

Se avete esigenze e desideri, si ricordi che il nome di Gesù non è El Shaddai, ElCheapo.

La salvezza si trova in nessun altro se non Gesù, perché non c'è nessun altro nome sotto il cielo, dato ad ogni persona, quale noi dobbiamo essere salvati dall'inferno.

Per il Figlio di Dio, Gesù Cristo, che è stato predicato a noi, non è stata "Sì" e "No", ma in lui ha sempre stata "Sì".

Perdonare e dimenticare il passato è facile, una volta che si capire che si vive nel qui e ora, e che il futuro è sempre più luminoso, perché c'è un Dio in Cielo che vi ama.

Quando si capisce che il peccato, la maledizione, la povertà, le guerre, la malattia e la morte, tutto è venuto sulla razza umana, perché il primo uomo e la donna disobbedito La mia voce, allora si capisce che l'ascolto e ubbidire La mia voce non è un'opzione.

Per quanto riguarda la vita, noi tutti beviamo dallo stesso vetro, se vedi il tuo bicchiere mezzo vuoto o mezzo pieno, dipende da voi.

Se si vuole costruire una chiesa che scuoterà il mondo per Gesù, lo credono per prostitute, alcolizzati, tossicodipendenti e rivenditori di droga. Perché - a chi molto viene perdonato, molto è apprezzato. I migliori peccatori prendere le migliori Santi.

Io ti benedirò e farò di te una benedizione - Signore Gesù.
La prima domanda da porsi, se sembra che Egli non è vi
benedico, è, è che tu sia una benedizione?.

Anche se Dio è presentato a noi come Gesù, Egli
desidera noto come All-in-All, nel senso che vuole essere
tutto, a tutti.

Interessante conversazione tra Gesù e Satana.
Satana dice - i innalzerò il mio trono sopra le stelle di Dio:
sarò come l'Altissimo. Gesù risponde – sarà portato giù
all'inferno, ai lati della fossa. persone vi guarderanno, e dire,
è questo l'uomo che ha fatto la la terra a tremare, che
scuoteva i regni? Quando Gesù si benedice, si ha l'abitudine
di benedire voi tanto che non sai se stai arrivando o
andando.

Se camminiamo come Gesù camminava, vedremo ciò che
Gesù ha visto.Camminava sempre con amore e
compassione - a tutti. Davvero?

La definizione della paura è false prove appare reale.
La medicina per tutte le tue paure è la fede in Gesù Cristo.

Io sono il Signore tuo Dio che ti insegnano al profitto, che conduce dal modo in cui si dovrebbe andare - Signore Gesù. Essa è la volontà di Gesù che i suoi santi possedere una propria attività, ma se si è soddisfatti con salario minimo, e di vivere stipendio per stipendio - Egli si lascia.

Chi ha guai? che ha il dolore? che ha contese?
che ha babbling? che ha ferite senza motivo? Chi
 ha arrossamento degli occhi? Per chi s'indugia a lungo
presso il vino; quelli che vanno a cercare il vino misto.

Una famosa frase dice: datemi la libertà o datemi la morte.
Se si invocherà il nome del Signore Gesù, io darò
è vera libertà, e la vita.

Proprio come lo scopo del tuo corpo è quello di ricevere ed
obbedire istruzioni dal tuo cervello, lo scopo del Corpo di
Cristo è ascoltare e seguire le istruzioni da Gesù Cristo.

Se il nome delle denominazioni della chiesa si sta offuscando
e dimmer, è perché si trattava di Gesù, si tratta di Gesù,
e sarà sempre a proposito di Gesù solo.

Padre nostro, che sei nei cieli, la tua volontà sia fatta in terra
come in cielo ...... non si accontentano mai di niente di meno
 del cielo sulla terra, ogni giorno.

Sempre vivere ogni giorno con un atteggiamento di inferno
vuoto e Cielo pieno, è la chiave di ogni ministero di
Gesù Cristo avendo tutti i suoi bisogni soddisfatti.

Anche se non c'è niente di male ad avere una vita buona,
È importante ricordare che è più importante avere una
buona vita eterna, perché la tua vita eterna ha un inizio,
 e non ha fine.

Gesù Cristo non è solo il Dio di tutti, ma il Padre di tutti,
e l'unica ragione Egli permette la sofferenza nella vostra vita,
è perché non si vuole lasciarlo essere tuo padre.

Le persone che sono sempre preoccupati per quanto sta
accadendo nel mondo, o preoccupati per le elezioni,
non capisco che le persone possono fare i piani del loro cuore,
ma Signore Gesù solo decide il risultato.

Per l'opera di Dio da fare sulla terra, i suoi servi deve diminuire,
così che Egli possa aumentare.

La chiave al fallimento nel Regno di Gesù Cristo -
ignorando il comando del Signore Gesù che dice che il
 Regno di lavoro non è fatto da tua forza, o la vostra
saggezza, ma per la potenza dello Spirito Santo, Signore.

Se è vero che Gesù fa i Suoi segni e Santi meraviglie,
è importante sapere che alcuni punti a segno
qualcosa di diverso da sé.

La scoperta più grande che ogni persona viva può fare,
non è solo che Gesù Cristo è Dio, ma che Egli è il
Forza più potente dell'universo, in ogni situazione,
ovunque, e che il suo potere sia il più vicino come dire
'Gesù, aiutami'.

Vieni e seguimi e io vi farò pescatori di persone.
Le prove che si stanno seguendo Gesù, è che si stanno
portando la gente a Gesù.

E 'incredibile quante persone fedelmente andare in chiesa,
celebrare la Pasqua e Natale, ma non so Jesus.
Gesù disse che il giorno del giudizio molti gli dirà che cosa
hanno fatto per Lui, ed Egli dirà loro – partenza in un inferno
eterno, non ti ho mai conosciuto.

Per essere assenti dal corpo è quello di essere presenti con
il Signore. Ciò significa che voi, e il tuo corpo, non è la stessa
cosa.

Signore, lo Spirito Santo è l'unica persona che si potrà mai incontrare, che, una volta che incontrare e conoscere Lui per te stesso, piuttosto pregare per la tua morte, di vivere un giorno senza Lui.

Il motivo per cui si dovrebbe credere che Gesù per il proprio Unzione - è perché Gesù Cristo è un creatore, non un duplicatore.

Cristiani che si concentra sulla temporanea farà chiesa progetti di costruzione, mentre i cristiani che si concentra su l'eternità farà Regno di progetti di costruzione di Gesù.

Perché la chiesa di Gesù Cristo dovrebbe fare nulla senza Signore, lo Spirito Santo. Anche se Gesù Cristo era Dio prima Egli è venuto nel mondo, Egli non è stato utilizzato da Dio Padre - Fino a quando Signore Santo Spirito venne su di lui.

Baby cristiani pregare un po 'e agire molto, mentre per adulti Cristiani pregano molto, e di agire un po ', perché si tratta di capire il mio potere, e non il loro potere.

La causa di tutte le incomprensioni e gli argomenti - Io non sono responsabile di quello che stai ascoltando, se si non sono in ascolto.

Se si sta seguendo Gesù - l'unico motivo per cui i fatti
non si allineano con la vostra fede, è così che è possibile
utilizzare la vostra fede per cambiare i fatti.

Nel sistema mondiale di istruzione che qualcuno che è ancora
l'apprendimento è il vostro maestro. Nel Regno di Gesù
Dio di ogni conoscenza e della saggezza è il vostro maestro.

Sei nato per vincere di nuovo, e mai a perdere.

Se ascolti bene la mia voce, non si può dire ciò che si farà.

Non c'è niente che non può raggiungere.

Se siete in Cristo e se si sono salvati, allora sei un coerede
con Gesù Cristo.

Anche se Gesù Cristo è il Figlio di Dio, Egli non era
utilizzato nel ministero da Dio Padre fino ad arrivare su di lui.
Allo stesso modo il vostro ministero sta andando da nessuna
parte, fino a quando non incontrarmi per te.

Dress up Aaron che egli possa ministro a me in quello del prete
ufficio - Jesus. Il motivo per cui la maggior parte delle persone
non può il Ministro ad altre persone, è perché non sanno come
prendersi cura delle il Signore

Io costruito la mia chiesa, contro la quale le porte degli inferi Non prevarranno - Jesus. La vera chiesa di Gesù Cristo non ha bisogno di protezione da satana, satana ha bisogno di protezione da esse.

Il primo Adamo è caduto attraverso il mangiare, l'ultimo Adamo, Gesù, superato attraverso il digiuno - spunti di riflessione.

L'errore più grande che la chiesa di Gesù Cristo continua a fare è cercare di fare il suo lavoro senza di me.

Una volta Signore, lo Spirito Santo è riversato su di noi dall'alto, il nostro deserto diventerà un giardino, e la nostra fruttuosa campo diventa una foresta.

Il Bereani erano di carattere più nobile, perché ricevuto il messaggio con grande entusiasmo, ed esaminati le Scritture, ogni giorno, per vedere se quello che Paolo diceva era vero. Maturità spirituale significa non credere ciecamente tutto ha detto dal pulpito, ma la lettura della Bibbia per te - per verificare i fatti.

Allora udii una gran voce nel cielo che diceva: «Ora è venuta la salvezza e la potenza e il regno del nostro Dio, e l'autorità del suo Cristo.

Signore, lo Spirito Santo scenderà su di lui, lo Spirito di sapienza e la comprensione, lo Spirito di consiglio e di fortezza, il Spirito di conoscenza e il rispetto di Gesù Signore.

E 'facile essere utilizzato da satana, quando non sai che si tratta di un ex-angelo.

Il Santo dei Santi, l'unico posto sulla terra che si non vuole lasciare, una volta che lo scopri.

Basta dimenticare le vostre preoccupazioni, lasciare i vostri problemi con me.

Dio, per mezzo di Gesù Cristo, è riconciliare il mondo con Se stesso, e non li premia per i loro peccati.

La prova che Gesù è il tuo Signore, quando Egli è alla guida della vostra vita, e tu sei sul sedile del passeggero.

Farò il deserto in un lago d'acqua.

L'amore perfetto di Gesù scacciato tutte le paure, il che significa ogni seguace di Gesù, nato di nuovo camminare in qualsiasi paura hanno non è ancora stato perfezionato dal suo amore.

In principio era il Verbo e il Verbo era Dio..
Se stai leggendo la Bibbia per qualsiasi altra ragione che
prendere a conoscere Gesù per te, stai sprecando il
tuo tempo.

Il motivo per cui il vostro rapporto con il cibo è più
importante di quanto pensi, è perché tutto il mondo
problemi iniziato con qualcuno a mangiare qualcosa
che non dovevano mangiare.

Una volta compreso il potere delle tue parole, capirai
l'importanza di questo - se non ha qualcosa di buono da
dire su una persona, non dire nulla di quella persona.

La saggezza comincia quando si capisce che, nonostante
tutto le vostre esperienze di vita, e tutta la vostra educazione,
lo sai nulla, e il Signore Gesù sa tutto.

La cosa più importante che si deve fare per rendere oggi il
    giorno più bello della tua vita, è quello di perdonare,
dimenticare, e lasciare il passato dietro di te.

Non abbiamo ricevuto lo spirito del mondo, ma
  Signore Spirito Santo, che è di Dio, affinché noi potessimo
conoscere le cose che sono state donate a noi dal
Signore Gesù.

Come una persona che pensa nella sua / il suo spirito,
è così quella persona. La causa principale di chi siamo,
dove siamo, e chi siamo diventerà, è il nostro pensiero.
Fare attenzione a ciò che si vede, o sentire, e che avete
rapporti con, perché colpisce il vostro spirito.

Il motivo per cui il mondo è un disastro, e il Regno di
Gesù è perfetta - in tutto il mondo si deve comprare
qualcuno amore e rispetto, nel Regno di Gesù ti amo
incondizionatamente qualcuno, per guadagnare il loro
amore e rispetto.

La relazione perfetta con Dio comincia con capire che ha
bisogno di niente da voi - e che il rapporto si basa su quello
che può fare per voi, e ciò che Egli vuole fare attraverso
di voi, agli altri, attraverso il mio potere.

44

Gesù non ti chiederà qualcosa che egli non sarà premiare
per voi, perché Dio non sarà un debitore qualsiasi persona.

Nel luogo segreto dell'Altissimo .... è l'unico luogo così
meraviglioso, che non può essere descritto nella
parole di qualsiasi lingua.

L'unico modo per distruggere Satana è sapere che è un
bugiardo, e padre di tutte le menzogne, e che lo distrugge
dicendo ciò che Gesù ha detto.

Glossario

Dio: Il Creatore Supernatural
Gesù Cristo: Dio Figlio. Una delle tre persone della
Trinità Dio.
Signore Spirito Santo Una delle tre persone della
Trinità Dio.
Signore, Padre: Una delle tre persone della Trinità
Dio.
Religione: un sistema di pensiero umano che di
solito comprende un insieme diracconti, simboli,
credenze e pratiche che danno senso alle esperienze
del medicodi vita attraverso il riferimento a un potere
superiore.

Opere citate

- **La Bibbia**

Riassunto

Questo libro non promuove la religione o confessionale crede, bensì introduce le persone di Gesù Cristo e Signore, dello Spirito Santo per il lettore. Ha un solo scopo - far conoscere al lettore che Dio è tre persone, e che vogliono un rapporto personale con il lettore.